AF362442

EXTRAIT

DU

MANUEL PRATIQUE

DU SAPEUR,

POUR LES TRAVAUX DE SIÉGE,

A L'USAGE

DES TROUPES DU GÉNIE;

PAR

LE CAPITAINE DU GÉNIE VILLENEUVE,

Aide-de-Camp de M. le lieutenant-général vicomte ROGNIAT.

METZ,

DE L'IMPRIMERIE DE S. LAMORT.

—

1831.

MANUEL

PRATIQUE

DU SAPEUR,

POUR

LES TRAVAUX DE SIÉGE.

EXÉCUTION DES TRANCHÉES.

On appelle *tranchée* une excavation pratiquée dans le terrain naturel, pour s'avancer à couvert vers une place qu'on assiége. Les terres de l'excavation sont jetées du côté de la place, afin de former un *parapet* qui puisse couvrir les hommes placés debout dans la tranchée. La *berme* est la lisière de terrain naturel ménagée entre le remblai du parapet et le bord de l'excavation de la tranchée. Le *revers* est la surface de ce même terrain sur l'autre bord de l'excavation. Le côté du parapet s'appelle côté *extérieur*, et celui du revers, côté *intérieur*.

On exécute les tranchées de différentes maniè-
res, suivant le plus ou le moins de précautions
auxquelles le feu de la place oblige les travailleurs.
On en distingue pour cette raison trois espèces
principales :

La tranchée simple,

La sape volante,

La sape pleine.

§ I. — TRANCHÉE SIMPLE.

La *tranchée simple* est celle dont on commence l'exécution entièrement à découvert. On
l'emploie lorsque l'éloignement de la place rend le
feu de l'assiégé peu meurtrier, lorsqu'on est protégé
par quelque mouvement du terrain, ou lorsqu'on
espère dérober à la vigilance de l'assiégé le commencement du travail, qui a lieu toujours de nuit.

Les officiers du génie font ordinairement le tracé
préalable du travail avec un cordeau, et ensuite
ils répartissent les travailleurs le long de ce cordeau pour faire l'excavation.

A cet effet, les travailleurs destinés à chaque portion de tranchée doivent être rangés, au lieu de départ, sur une file, et porter chacun une pelle, une
pioche, une fascine à tracer de 1^m3o de longueur,
et le fusil en bandoulière. Ils ont avec eux leurs
officiers et sous-officiers, et à leur tête un officier du

génie. Celui-ci les conduit à l'une des extrémités de la tranchée à pratiquer : supposons celle de droite, par exemple. Il y place un sous-officier de sapeurs, pour servir de jalonneur, et, à mesure que les travailleurs y arrivent, ils exécutent le mouvement de *par file à droite, sur la gauche par file en bataille.* Chaque homme vient alors successivement faire face à la ligne du tracé, et remet sa fascine à l'officier du génie, qui, aidé d'un sous-officier de sapeurs, la place en avant du cordeau, à la distance voulue par la largeur de la berme. Dès qu'elle est en place, l'homme se couche auprès, en attendant l'ordre de travailler. Cependant des sapeurs se répartissent en arrière des travailleurs, et leur font connaître l'excavation qu'ils ont à. faire, de quel côté il faut jeter les terres, et la berme à ménager. Dès que l'officier du génie a terminé le placement des travailleurs, il parcourt le tracé en revenant de la droite à la gauche, et commandant à voix basse : *Haut les bras.* Il fait ainsi entreprendre le travail sur toute la ligne, et en surveille ensuite l'exécution. Avant de commencer le travail, les hommes déposent leurs fusils à trois pas en arrière, la culasse tournée vers la tranchée, et la platine en dessus.

Il arrive souvent qu'on ne fait point apporter par les travailleurs de fascines à tracer ; mais alors il est bon que le cordeau porte de petits morceaux d'étoffe blanche, espacés de $1^m 30$, afin d'indiquer l'espacement des travailleurs, et la longueur de tranchée que chacun doit faire.

A la fin de la première nuit de travail, la tranchée doit avoir $1^m,00$ de profondeur, et au moins $1^m,30$ de largeur au fond, ce qui donne environ $1^m,80$ de largeur en haut, à cause des talus (1). Le parapet se trouve avoir environ $1^m,30$ de hauteur sur $2^m,30$ de base. La largeur de la berme doit être de $0^m,30$ dans le cas d'un terrain ordinaire, et de $0^m,40$ à $0^m,50$, si le terrain est sablonneux et peu consistant.

Les travailleurs de jour doivent porter la largeur de la tranchée à $3^m,00$ au fond, en conservant la même profondeur de $1^m,00$. On les place ordinairement à $2^m,00$ l'un de l'autre. Le parapet doit conserver la hauteur de $1^m,30$, et acquérir une épaisseur d'environ $5^m,00$ à la base (2).

---

(1) Il est évident que les travailleurs, n'étant espacés que de $1^m,30$, peuvent, s'ils ne sont pas dérangés, et si le terrain n'est pas difficile à creuser, porter la largeur de la tranchée beaucoup au-delà de $1^m,30$.

(2) Il peut quelquefois être nécessaire de régaler le sommet du parapet, afin de lui faire acquérir l'épaisseur convenable. Mais cette opération est difficile et dange-

Les *boyaux* de communication ne reçoivent que 2^m,5o au plus de largeur dans le fond. Leur élargissement ne demande qu'un travailleur pour 3 mètres.

Après cet élargissement, on forme dans les tranchées destinées aux *parallèles* ou *places d'armes* deux gradins en fascines, qui servent à monter sur la berme, afin de faire le coup de fusil par-dessus le parapet. Ils ont 0^m,5o de hauteur et de largeur (1). On prend les terres nécessaires dans le talus du revers, où l'on taille un gradin qui sert à sortir de la tranchée, en cas de besoin. Cette disposition pour les feux exige, pour chaque mètre courant, deux fascines et six piquets : deux hommes pour 4 mètres suffisent pour l'exécuter.

On dispose aussi, de distance en distance, des portions de parallèle de 20 à 3o mètres de longueur, avec des gradins, depuis le fond de la tranchée jusqu'au sommet du parapet, afin de donner

----

reuse, en se servant de pelles ordinaires ; elle exigerait que l'on employât des dragues à manches coudés, comme on le fait dans la construction des cavaliers de tranchée.

(1) Il faut cependant compter 0^m,6o de largeur pour chaque gradin, attendu que les deux fascines qui soutiennent les terres ne sont pas placées précisément l'une au-dessus de l'autre, mais forment un talus d'environ 0^m,1o de base.

à la garde de la tranchée la facilité de franchir le parapet, pour se porter contre les sorties de l'assiégé. Il faut compter, pour chaque mètre courant de cette disposition, cinq fascines, quinze piquets et un travailleur.

Comme il est rare qu'une tranchée soit entièrement terminée le premier jour de travail, on la fait parcourir, pendant le second jour, par un détachement de travailleurs, chargé de perfectionner les parties qui en ont encore besoin.

§ II. — SAPE VOLANTE.

La *sape volante* consiste à ranger de suite, suivant la direction de la tranchée qu'on veut pratiquer, une file de gabions jointifs, derrière lesquels on place des travailleurs qui les remplissent aussitôt de terre, et se trouvent ainsi promptement à couvert de la mitraille et de la mousqueterie.

On la commence toujours de nuit, comme la tranchée simple. A cet effet, le tracé de la sape étant fait préalablement au cordeau, on réunit dans la tranchée en arrière un détachement de travailleurs portant chacun un gabion, une pelle, une pioche, et le fusil en bandoulière. On le fait sortir sur une file, pour le conduire à l'extrémité de la ligne de la sape, celle de droite, par exemple. Arrivés à sept ou huit pas de la ligne, ces travailleurs font *par file à gauche*, puis *sur la droite par file en bataille*, et, à mesure que chacun d'eux fait face à la ligne, il dépose son gabion. L'officier du génie place ce gabion suivant le tracé, et l'homme se couche derrière, en attendant l'ordre de travailler. Les autres dispositions sont les mêmes que dans le cas de la tranchée simple.

Lorsque la sape volante doit être fort périlleuse, et n'avoir qu'un petit développement, il est bon de séparer la pose des gabions du placement des travailleurs. A cet effet, l'officier du génie, après avoir fait le tracé au cordeau, fait d'abord sortir des hommes portant les gabions, lesquels débouchant de la tranchée la plus voisine, sans bruit et par portions successives, s'il est nécessaire, filent le long du cordeau, et déposent leurs gabions en dehors.

Après avoir vérifié ce tracé, l'officier du génie fait sortir les travailleurs, portant chacun une pelle, une pioche et son fusil, lesquels, par le mouvement de *par file sur la gauche* ou *sur la droite en bataille*, font face à la gabionnade, se placent un vis-à-vis chaque gabion, posent leurs fusils par terre, en arrière, et commencent aussitôt le travail.

Par ce dispositif, l'opération s'exécute sans confusion, et les travailleurs ne sont exposés au feu que pendant le temps nécessaire pour remplir les gabions. On a vu même des ingénieurs chargés de sapes très périlleuses, mettre adroitement un certain intervalle entre la pose des gabions et la sortie des travailleurs, afin de laisser à la première furie du feu de la place le temps de s'épuiser contre des gabions vides.

Lorsque le sol est difficile à creuser, ou qu'il ne se trouve qu'une couche mince de terre au-dessus du roc ou des eaux, on fait le tracé de la sape au moyen d'une double ou même d'une triple gabionnade, afin que toutes les terres déblayées servent immédiatement à augmenter l'épaisseur du parapet de la sape. Une double gabionade offre aussi beaucoup d'avantages, même dans un terrain ordinaire, lorsque le danger exige une grande rapidité dans la formation d'un parapet à l'épreuve de la mitraille.

A la fin de la première nuit, la sape volante doit avoir, comme la tranchée simple, $1^m,00$ de profondeur sur $1^m,30$ au moins de largeur au fond. La berme a $0^m,30$ de largeur, et même $0^m,50$ dans les terres sans consistance. Le parapet acquiert environ $1^m,30$ de hauteur, et $2^m,60$ de base, la gabionnade comprise.

Au jour, on élargit la sape, et on couronne son parapet de fascines, ce qui exige un travailleur et trois fascines pour deux mètres courans. Ensuite on la dispose pour les feux et les sorties, et on la perfectionne le second jour.

§ III. — SAPE PLEINE.

La *sape pleine* est un cheminement pratiqué par des sapeurs, qui s'avancent pied à pied, en se couvrant des feux de la place par des gabions qu'ils posent et remplissent l'un après l'autre, et par un gabion farci placé en tête de la sape.

Elle est *simple* lorsque, n'ayant de feux à craindre que d'un seul côté, les sapeurs n'établissent aussi qu'une seule gabionnade ou un seul parapet. Elle est *double* lorsque, les feux de la place venant des deux côtés à la fois, on est obligé de poser en même temps deux gabionnades, ce qui se fait en menant de front deux sapes simples, dont le parapet de l'une couvre les travailleurs de l'autre, et réciproquement.

La sape pleine simple est exécutée par une brigade de huit sapeurs : quatre d'entre eux, désignés spécialement sous le nom de *sapeurs*, sont occupés à creuser l'excavation de la sape ; les quatre autres, désignés sous le nom de *servans*, sont occupés à perfectionner ce travail, et à préparer les matériaux nécessaires. Les sapeurs et les servans sont numérotés de 1 à 4, d'après la place qu'ils occupent. Mais dans la durée du travail d'une même brigade, il s'opère des permutations, qui appellent successivement les huit hommes aux rôles de sapeurs et de servans, ainsi qu'à leurs différens numéros.

Le sapeur de la tête, numéroté 1, travaille à genoux, coiffé du pot en tête et couvert de la cuirasse. Il donne à la sape $o^m,5o$ de profondeur sur autant de largeur en haut, en laissant au pied de la gabionnade une berme de $o^m,3o$. Il ménage dans l'excavation, du côté de cette berme, un talus dont l'inclinaison est à peu près de 1 de base sur 4 de hauteur, dans les terres ordinaires. Du côté opposé, il creuse autant que possible verticalement, de sorte que sa forme a $o^m,38$ de largeur au fond. Son déblai, sur la longueur correspondant à un gabion, est de $o^{m\,cub},147$, et suffit, à l'aide du foisonnement, pour remplir ce gabion, dont la capacité est de $o^{m\,cub},157$. Comme dans les terres ordinaires, ce sapeur pose et remplit deux gabions avant de quitter la tête de la sape, le déblai total qu'il pratique à ce poste est de $o^{m\,cub},294$ (1).

____

(1) Il peut arriver que la difficulté du terrain oblige de ne faire poser et remplir par le premier sapeur qu'un seul gabion au lieu de deux, ce qui réduira son déblai à $o^{m\,c},147$.

Le deuxième sapeur suit le premier à la distance de deux gabions et demi, ou 1^m,65, et travaille comme lui à genoux, coiffé du pot en tête et couvert de la cuirasse. Il creuse la sape de 0^m,17, et l'élargit d'autant du côté du revers. Sa forme a 0^m,67 de profondeur, 0^m,67 de largeur en haut, et 0^m,50 au fond. Son déblai, correspondant à **deux** gabions, est de $0^{m\,cub}$,228.

Le troisième sapeur est aussi à deux gabions et demi, ou 1^m,65, en arrière du second. Il travaille sur ses pieds, mais le corps penché, sans pot en tête et sans cuirasse. Il élargit et approfondit la sape de 0^m,17, et la porte à 0^m,84 de largeur en haut, 0^m63 au fond, et 0^m,84 de profondeur. Le déblai qu'il doit faire pour deux gabions est de $0^{m\,cub}$,300.

Le quatrième sapeur, à la même distance en arrière du troisième, travaille debout; il élargit et approfondit la sape de 0^m,16, et lui donne 1^m,00 de largeur en haut, 0^m,75 au fond, et 1^m,00 de profondeur, ce qui porte à $0^{m\,cub}$,344 son déblai correspondant à 2 gabions.

Dans ce dernier état, qui n'a lieu qu'après les huit premiers gabions, la sape est achevée comme *sape*. Son parapet, dans des terres d'un assez grand foisonnement, n'a que 2^m,30 de base, la gabionnade comprise, et 0^m,80 de hauteur. Elle est ensuite

remise à des travailleurs ordinaires, pour être élargie et disposée pour les feux, les sorties ou les
communications.

Outils et matériaux nécessaires. Les huit sapeurs
doivent avoir chacun une pelle et une pioche, et
chaque tête de sape doit être munie de deux crochets, de trois fourches, et de une ou deux dragues.

Le *crochet de sape* a deux pointes formant
équerre, de $0^m,10$ de longueur chacune. La longueur totale du crochet est de $0^m,30$, dont $0^m,10$
pour la pointe, $0^m,08$ pour le corps, et $0^m,12$ pour
la douille. La hampe, de $3^m,60$ de longueur, est
fixée dans la douille par un clou, et porte à son
autre extrémité un anneau en fer de 3 à 4 centimètres d'ouverture. Le poids total du crochet est
de 6 kilogrammes.

La *fourche de sape* a trois pointes, dont deux
parallèles entre elles, écartées de $0^m,10$, et longues
de $0^m,12$, et la troisième, longue seulement de
$0^m,08$, perpendiculaire au plan des deux premières. La longueur du fer est de $0^m,25$, celle de la
hampe, de $1^m,50$. Le poids total de la fourche est
de 3 kilogrammes.

Les *dragues* ont $0^m,20$ de hauteur, $0^m,20$ de
largeur au tranchant, et seulement $0^m,05$ au coude.
Le manche a de 1 à 2 mètres de longueur.

Chaque tête de sape doit être pourvue de quatre cuirasses et de quatre pots en tête, d'un gabion farci, de gabions et fascines ordinaires, d'environ trente fagots de sape, d'autant de petites fascines propres à couronner les gabions de la tête, de poutrelles de 3 à 4 mètres de longueur sur $0^m,10$ d'équarrissage, de leviers d'embarrage, de sacs à terre et de sacs à laine de $0^m,50$ à $0^m,60$ de diamètre sur $0^m,80$ ou $1^m,00$ de hauteur.

Exécution de la sape.

Voici d'abord l'état d'une tête de sape en construction.

Les quatre sapeurs, dans les positions ci-dessus indiquées, travaillent à l'excavation de leurs formes respectives. Tous les gabions, vis-à-vis de ces formes, sont couronnés de fascines provisoires, excepté le premier, que le sapeur n° 1 s'occupe de remplir. Les joints des gabions sont garnis de fagots de sape, ainsi que celui du premier et du gabion farci. Celui-ci est placé en tête perpendiculairement à la direction de la sape, de manière à recouvrir le premier gabion d'au moins $0^m,30$. Les pelles et pioches que les sapeurs n'ont pas en main sont déposées sur la berme, près des gabions. L'un des crochets est aussi sur la berme, et l'autre, du côté du revers, et fixé vers les deux tiers de la hauteur du gabion farci, à environ $0^m,30$ de son extrémité, et maintenu contre le sol au moyen d'un piquet qui traverse son anneau. Une fourche de sape est placée près du premier sapeur, sur le revers, ainsi que deux petites fascines de couronnement.

Les quatre servans sont occupés à remplacer le couronnement provisoire des gabions par un couronnement en fascines ordinaires, et à tenir toujours à portée de la tête de sape un approvisionnement de matériaux. Ils ont à leur disposition deux fourches de sape, qui sont posées sur la berme, ainsi que leurs pelles et leurs pioches, qui, en cas de besoin, servent à rechanger celles des sapeurs.

Les sapeurs et les servans n'ont ni sabre ni giberne leurs fusils sont déposés sur le revers, la platine en dessus, perpendiculairement à la direction de la sape, et vis-à-vis de leurs formes. Deux pots en tête et deux cuirasses sont vis-à-vis des servans, sur la berme.

Enfin, l'officier chef de sape est placé un peu en arrière du quatrième sapeur, dirigeant tout le travail : le sous-officier est plus particulièrement occupé avec les servans.

Pose d'un nouveau gabion. Lorsque le premier

sapeur a rempli le dernier gabion posé, qu'il l'a couronné de deux petites fascines, et que l'excavation de sa forme se trouve poussée jusque vis-à-vis le milieu de ce gabion, il en avertit le chef de sape, en criant *Halte*. Celui-ci jette alors un coup-d'œil sur le travail, et s'il juge en effet qu'il soit terminé, il fait successivement les commandemens suivans :

1. *Garde à vous ;*
2. *Au gabion ;*
3. *Aux crochets ;*
4. *En avant ;*
5. *Bien ;*
6. *Au fagot ;*
7. *Haut les bras.*

Au premier commandement, les quatre sapeurs suspendent leur travail, posent leurs outils sur la berme, et se tiennent prêts à exécuter les manœuvres que l'officier va commander.

Au deuxième, le sapeur n° 1 ôte le fagot de sape qui garnit le joint du gabion farci et du dernier gabion posé, et le place un peu en arrière sur la berme. Le deuxième sapeur écarte, s'il est nécessaire, la hampe du crochet fixé vers l'extrémité intérieure du gabion farci, afin de laisser passage au gabion qui doit venir. Le quatrième sapeur reçoit ce gabion des servans, qui ont dû le préparer d'avance, le fait rouler horizontalement sur le revers de la sape, en le tenant par la pointe des piquets, et le remet au n° 3; celui-ci le passe de même au n° 2, et ce dernier au n° 1, qui le redresse sur sa base, et le présente aussitôt dans le joint du gabion farci et du dernier gabion posé.

Au commandement *Aux crochets*, le sapeur n° 2 saisit le crochet déposé sur la berme, et le fixe sur le gabion farci, à peu près à la moitié de la hauteur de ce gabion, et le plus près possible de l'épaulement. Le n° 3 saisit le crochet intérieur déjà fixé vers l'extrémité du gabion farci, et le replace à peu près à la même hauteur que l'autre. Le n° 4 se porte à l'aide du n° 2, et le premier servant, à l'aide du n° 3. Tous se disposent à pousser le gabion farci en avant. Dans cet état de choses, les premier et deuxième sapeurs, toujours à genoux, appuient le plus possible contre la berme; le n° 3 et le premier servant sont du côté du revers, le corps très-penché; le n° 4 est aussi très-courbé; Les sapeurs de droite sont tendus de la partie gauche, et ceux de gauche de la partie droite.

Au commandement *En avant*, les quatre sapeurs armés des crochets poussent le gabion farci avec force, mais ensemble, et le font rouler peu à peu, sans l'abandonner ni le déranger de la direction perpendiculaire à celle de la sape. A mesure que ce gabion laisse de l'intervalle au-delà du dernier gabion de la sape, le n° 1 y place le nouveau gabion, en le manœuvrant à l'aide de la fourche. Il indique, par les mots *encore*, *assez* ou *trop*, aux sapeurs qui poussent le gabion farci, ce qu'ils ont à faire pour qu'il ait l'espace nécessaire. Cependant l'officier chef de sape suit de l'œil l'alignement du nouveau gabion, et fait au premier sapeur les commandemens *Sortez*, *Rentrez*, selon qu'il est nécessaire de pousser le gabion vers la place, ou de le ramener vers la tranchée. Ce sapeur le fait mouvoir en conséquence, à l'aide du crochet dont la fourche est armée.

Au commandement *Bien*, que l'officier fait dès que le gabion est dans la position convenable, les sapeurs armés des crochets attirent le gabion farci, pour le faire serrer contre le gabion qui vient d'être posé. Le n° 2 dégage son crochet, et le dépose sur la berme; le n° 3 laisse le sien engagé sur le gabion farci, et en fixe le bout du manche sur le revers, au moyen de l'anneau qui s'y trouve, et d'un piquet qu'il frappe simplement de la pioche. Le n° 1, pendant ce temps, remet sa fourche sur le revers, reprend le fagot de sape déposé par lui sur la berme, le place dans le joint du gabion qu'il vient de poser et du précédent, et le fixe dans cette position, en frappant un peu le piquet avec le plat du taillant de la pioche.

Au commandement *Au fagot*, qui suit le précédent de fort près, le premier servant remet un fagot de sape au n° 4, qui le fait passer par les n°ˢ 3 et 2 jusqu'au n° 1. Celui-ci le place dans le joint du gabion farci, et du gabion nouvellement posé, et l'y met, à l'aide de la fourche, dans une position stable. Les servans font aussi passer au n° 2 deux petites fascines de couronnement, qu'il place sur le revers de la forme du premier sapeur, près du gabion farci.

Le commandement *Haut les bras* fait reprendre à tous les sapeurs le travail de l'excavation. Le n° 1 doit serrer le plus possible du corps contre la berme, en s'effaçant de l'épaule opposée, et jeter ses terres avec soin dans le gabion à remplir. Lorsque celui-ci est plein, il s'arme de la fourche et le couronne de deux petites fascines. Les autres sapeurs doivent jeter leurs terres derrière les gabions, et le plus près possible. Le deuxième surtout doit éviter de les projeter en arrière de sa forme, et s'attacher à garnir les joints des gabions.

Couronnement de la sape par des fascines. Le couronnement des gabions par deux petites fascines a pour objet d'augmenter le couvert des sapeurs

travaillant à l'exécution de la sape ; mais comme
il ne donne guère que 1^m,10 de hauteur de parapet, et qu'il ne relie pas les gabions entre eux, il
est nécessaire de le remplacer par des fascines ordinaires, qui relient ces gabions et procurent une
hauteur de 1^m,30. Ce sont les servans qui font
cette opération. A cet effet, dès qu'il y a derrière
le quatrième sapeur trois gabions non couronnés,
l'officier commande :

Aux fascines.

Les premier et deuxième servans s'arment chacun d'une fourche, et tirant adroitement les petites fascines provisoires placées sur les gabions,
ils les font tomber sur la berme. Le troisième
les dépose sur le revers ; le quatrième prépare
trois fascines ordinaires ; et, dès que les gabions sont dégarnis, les deux premiers servans
en prennent une, la posent sur la berme, la sou-
lèvent chacun d'un bout avec les fourches, et la
placent sur le derrière des gabions, en la liant
autant que possible avec les précédentes ; puis ils
la frappent de quelques coups, afin qu'elle s'en-
gage dans les piquets des gabions. Ils placent ensuite la deuxième fascine par-devant la première,
et la troisième au-dessus des deux autres.

Changement de place des sapeurs. Lorsque

le premier sapeur, criant *Halte !* se trouve avoir terminé sa tâche, qui est ordinairement de deux gabions à poser et remplir, l'officier chef de sape, après l'avertissement *Garde à vous*, commande :

Changez :

Les quatre sapeurs reculent chacun d'une forme, et le premier servant, couvert d'avance du pot en tête et de la cuirasse, et portant son fusil, se rend à la tête de la sape, en passant entre le revers et les autres sapeurs, qui se serrent le plus possible contre la berme. Ce servant devient donc premier sapeur ; le premier sapeur devient deuxième ; le deuxième se débarrassant du pot en tête et de la cuirasse, qu'il passe aux servans, devient troisième ; et le troisième devient quatrième. Enfin le quatrième sapeur passe à la queue des sapeurs, tandis que les deuxième, troisième et quatrième servans avancent chacun d'un numéro.

Un sapeur blessé est remplacé dans sa forme par le premier servant ; s'il est grièvement blessé ou tué, les sapeurs en arrière le remettent aux servans, pour qu'il soit transporté au-delà de la sape, et ils reprennent aussitôt leur travail.

Chaque tête de sape doit avoir une réserve de sapeurs pour réparer les pertes de la brigade de travail. Tout sapeur tiré de cette réserve devient quatrième servant.

Vitesse de la sape pleine. Dans le travail des écoles, la sape pleine, exécutée dans un terrain de consistance ordinaire, s'avance moyennement d'un gabion par quart d'heure, et par conséquent de quatre gabions ou $2^m,66$ par heure de travail non interrompu; ce qui donne $1^m,00$ en 22 minutes (1).

La durée du travail d'une même brigade de huit sapeurs ne doit pas excéder 8 heures : autrement les hommes seraient très-fatigués, et la sape en serait rallentie.

Les excavations à pratiquer par les quatre sapeurs, quoique de volumes différens, sont cependant réglées de manière qu'ils puissent les achever dans le même temps : c'est ce que prouve l'expérience, et ce qu'on explique aisément en comparant les tâches des sapeurs avec leurs po-

---

(1) Il pourrait arriver que le danger du travail obligeât de faire creuser au premier sapeur une forme semblable à celle du second, ou du troisième, ou même du quatrième, en réduisant, par conséquent, le nombre des formes de la sape à trois, à deux ou une seule. Dans ce cas, la vitesse du travail serait évidemment rallentie.

sitions plus ou moins gênées, et leur passage suc-
cessif aux différentes formes. Mais si, par une
cause quelconque, l'un des trois derniers est en
retard, le chef de sape doit le faire passer outre,
afin qu'il suive le précédent toujours à la distance de deux gabions et demi : car, autant que
possible, c'est le travail du premier sapeur qui
doit régler la vitesse de la sape, et celle-ci ne
doit éprouver de retard que lorsque ce sapeur en
éprouve lui-même.

Observation relative à l'inclinaison du sol.
Lorsqué le terrain sur lequel chemine la sape n'est
pas horizontal, mais incliné dans un sens quelconque, il peut arriver que les gabions placés simplement sur leur base n'aient pas une assiette bien solide. Le premier sapeur doit avoir alors l'attention
de les poser dans le sens le plus favorable à leur
stabilité. Souvent même la pente du terrain peut
être assez forte pour exiger que le sapeur cale les
gabions au moyen de petits fagots, de sacs à terre
ou de gazons

Lorsque le terrain incline du côté intérieur de la
sape, il arrive souvent que le gabion farci, des-
cendant peu à peu de ce même côté, finit par ne
plus recouvrir la gabionnade et laisse une trouée
dangereuse. Pour ramener ce gabion à sa place,

le chef de sape fait les commandemens suivans :

1. *Aux poutrelles, aux fagots ;*

2. *Aux crochets ;*

3. *Replacez le gabion.*

Au premier commandement, les servans font passer de main en main un fagot de sape bien relié jusqu'au premier sapeur, qui le place parallèlement au gabion farci, vis-à-vis de son milieu, et près de la ligne par laquelle il repose sur le terrain. Les sapeurs 1 et 2 reçoivent aussi deux poutrelles qu'ils engagent sous le gabion farci, à $0^m,30$ environ de chaque côté de son milieu, en les appuyant sur le fagot de sape, et les tenant dans une direction oblique vers la berme.

Au deuxième commandement, le n° 3 saisit le crochet intérieur, le n° 4 celui qui est sur la berme, et ils les fixent sur le gabion farci. Le premier servant se porte au secours du n° 3, et le deuxième au secours du n° 4.

Au troisième commandement, les sapeurs 1 et 2 pèsent sur leurs poutrelles, avec ensemble, et en appuyant du côté du revers, afin que le gabion farci marche du côté opposé. Ils doivent agir par une suite de pesées petites et brusques, et les sapeurs armés de crochets doivent retenir fortement le gabion, pour l'empêcher de s'en aller en avant.

On facilite beaucoup cette manœuvre en poussant

d'abord le gabion farci un peu en avant à l'aide des crochets, et présentant les poutrelles, de manière que, ramené ensuite avec force, il soit forcé de s'élever dessus. Alors, appuyant moins sur le terrain, de légers efforts des sapeurs 1 et 2 le font marcher rapidement dans le sens de sa longueur.

Si le chef de sape craint que le couronnement des gabions ne se trouve pas assez élevé pour couvrir parfaitement les sapeurs pendant la manœuvre, il fait d'abord placer des sacs à terre par-dessus (1).

---

(1) *Sur l'emploi du mantelet au lieu du gabion farci.* On a fait plusieurs essais dans les écoles régimentaires du génie pour substituer un mantelet au gabion farci employé pour couvrir les têtes de sape. Cette machine, représentée par la fig. 66, ne paraît pas encore avoir d'avantage réel sur le gabion farci, dans le travail de la sape pleine. Mais elle permet d'exécuter avec une grande sécurité une sorte de sape volante beaucoup plus rapide que la sape pleine. A cet effet, trois ou quatre sapeurs placés contre le mantelet le font mouvoir en avant de la sape, jusqu'à ce que l'extrémité du flanc soit à fleur du dernier gabion de la sape terminée. Trois hommes portant chacun un gabion et leurs outils se glissent alors contre le flanc du mantelet, en se courbant assez pour être couverts, posent leurs gabions jointifs contre le flanc, et creusent aussitôt une forme de $0^m,50$ de profondeur

De la sape demi-pleine.

Lorsque les sapeurs n'ont à craindre que des feux de flanc, dans une direction peu différente de la perpendiculaire à la sape ; ils peuvent cheminer sans gabion farci en tête. Le premier sapeur se couvre alors des derniers gabions pleins, pour en placer et remplir un nouveau. Ce genre de sape, qui trouve quelquefois son application, s'appelle *sape demi-pleine*.

Exécution de la sape double.

Les détails d'exécution d'une sape double sont les mêmes que ceux décrits précédemment pour une sape simple ; mais voici quelques observations à ajouter.

Les deux gabionnades parallèles qui forment les deux parapets de la sape sont distantes entre elles

---

et de largeur, afin de les remplir de terre. Ensuite on fait marcher encore le mantelet ; trois autres hommes placent trois nouveaux gabions à la suite des premiers, et creusent de même une forme de $0^m,50$ de profondeur et de largeur, tandis que les premiers élargissent et approfondissent leur excavation. Lorsque ces gabions sont remplis, on en place trois autres ; et ainsi de suite.

de 4 mètres intérieurement, de sorte qu'ôtant $0^m,60$
pour les deux bermes, et $2^m,00$ pour les largeurs
des sapes dans leur partie supérieure, il reste dans
le milieu une dame de terre de $1^m,40$ d'épaisseur,
qui doit être enlevée par les travailleurs ordinaires.
Cette opération faite, la sape double a $2^m,90$ de
largeur au fond. Sa profondeur est ordinairement maintenue à $1^m,00$; mais, lorsque la nature
du terrain le permet, on l'approfondit quelquefois
davantage, afin de faciliter le défilement.

La tête de la sape double est couverte par deux
gabions farcis, placés bout à bout, et recouvrant
chacun de $0^m,30$ les gabionnades latérales. Il est
bon que ces gabions engrènent l'un dans l'autre par
les bouts des fascines qui les remplissent; et lorsque cela n'a pas lieu, on masque leur joint avec
un sac à laine que les deux sapeurs de la tête,
après avoir placé les fagots de sape latéraux, font
mouvoir parallèlement à lui-même au moyen des
fourches, afin qu'il appuie toujours contre les gabions farcis.

Les deux brigades de la sape double exécutent
en même temps les commandemens de l'officier chef
de sape, qui se tient à celle des deux attaques où
il juge sa présence le plus nécessaire.

Les deux têtes de sape devant toujours marcher
à la même hauteur, il est essentiel que l'officier

ait soin de ne faire le commandement *Garde à vous*, chaque fois qu'il s'agit de poser de nouveaux gabions, que lorsque les sapeurs de la tête ont tous deux crié *Halte !* Le premier prêt continue d'agrandir sa forme jusqu'à ce commandement.

Cette nécessité d'attendre le sapeur le plus lent fait que la sape double n'avance pas d'un gabion par quart d'heure comme la sape simple. Il faut y compter à peu près un cinquième de temps de plus que pour celle-ci, c'est-à-dire 18 minutes par gabion.

La sape double marchant *debout* vers les ouvrages de la place, on est obligé d'y ménager des traverses de distance en distance ; afin de la préserver des feux d'enfilade. Ces traverses s'appellent en *crémaillères* lorsqu'elles sont laissées alternativement à droite et à gauche de la sape, et *tournantes* lorsqu'elles sont laissées au milieu de la sape, qui alors les contourne entièrement

L'espacement des traverses et des retours doit être déterminé de manière que les hommes placés dans les différentes portions de la sape soient toujours dérobés par les parapets aux vues de la place, et que les projectiles ne puissent en ricocher le fond. Il est donc variable, suivant le relief des ouvrages par rapport au sol de la sape, et suivant la nature du terrain relativement au plus ou moins de facilité qu'il offre aux ricochets. L'exécution de ces traverses rentre dans celle des *débouchés*, qui seront décrits plus loin (1).

---

(1) La sape double joint à la lenteur de sa marche les inconvéniens suivans :

1° Ses parapets ont peu d'épaisseur, et l'artillerie de l'assiégé y fait facilement des trouées, qui découvrent l'intérieur de la sape aux feux de monsqueterie ; inconvénient que rend encore plus sensible le grand nombre d'angles saillans que nécessitent les retours ;

2° Les gardes et les travailleurs, resserrés et enfermés entre deux gabionnades latérales, ont plus à redouter les sorties que dans une sape simple ;

3° Ce genre de sape se prête moins facilement que la sape simple à ce que les sapeurs profitent des interruptions momentanées que peuvent éprouver les feux de la place, pour dérober quelques portions de cheminemens en sape volante ;

4° Sa direction *debout* l'expose davantage aux feux plongeans d'enfilade et d'écharpe ;

5° La tête du travail manque de protection latérale contre les sorties.

Une partie de ces inconvéniens seraient atténués si l'on prolongeait à droite et à gauche de la sape les retours perpendiculaires à sa direction, afin d'en former de petites places d'armes en dehors de la circulation. Ces retours exécutés par d'autres sapeurs que ceux de la tête de la sape, ne rallentiraient point la marche du travail.

Sape demi-double.

Les sapes doubles sont quelquefois tracées, principalement dans les couronnemens de chemins couverts, sur des terrains tellement inclinés

Faisant abstraction des inconvéniens ci-dessus, qui obligent de restreindre autant que possible l'emploi de la sape double, voici comment on peut comparer l'avancement que procure le travail matériel de cette sape avec celui donné par une sape simple en zigzag.

Supposons que, d'après le relief des ouvrages attaqués et l'inclinaison du sol sur lequel chemine la sape double, la hauteur ordinaire du parapet couvre les hommes placés dans la sape jusqu'à 16 mètres de distance, et fixons à 6 mètres l'épaisseur des traverses. Il est évident que dans ce cas particulier on pourra les espacer de 22 mètres de milieu en milieu; de sorte que, pour chaque avancement de 22 mètres ou 33 gabions, la sape sera retardée de tout le travail nécessaire pour exécuter les crochets d'une traverse. Or, d'après les données qui seront indiquées plus loin pour l'exécution des différens débouchés, ce travail exige 8 heures 55 minutes, savoir:

1° Débouché en sape simple sur les deux côtés de la sape double de départ.. . . . . 1 h. » m.

2° Pose d'environ 12 gabions dans chaque retour, à la sape simple. . . . . 3 »

A reporter . . . . 4 »

que l'une de leurs attaques reste en prise aux
feux de revers par-dessus le parapet de l'autre

D'autre part	4 h.	» m.
3° Débouché en sape double à l'extrémité de chaque retour.	1	30
4° Débouché en sape simple sur un côté de chaque nouvelle sape double.	»	40
5° Pose de cinq gabions à la sape simple, suivant le nouveau retour de chaque côté . .	1	15
6° Jonction des deux sapes simples, marchant à la rencontre l'une de l'autre.	1	30
TOTAL.	8	55

Ajoutons à ce temps celui qu'exige la pose des 33 gabions compris dans la marche directe de la sape, lequel, à raison de 18 minutes par gabion, est de 9 heures 54 minutes, et nous trouvons qu'il faut 18 heures 49 minutes de travail pour que la sape double s'avance de 22 mètres.

Concevons maintenant une sape simple partant du même point que la sape double, et cherchons quelle doit être son obliquité, pour procurer dans le même temps le même avancement de 22 mètres, mesuré suivant la direction de la sape double. Il est aisé de voir, en faisant toutefois abstraction des retours que la sape simple elle-même peut être obligée de faire, que son développement pourra être de 75 gabions, et que, par conséquent on peut considérer l'angle cherché comme compris attaque. Dans ce cas, s'il ne suffit pas de creuser de quelques décimètres en sus de la profondeur ordinaire la sape non couverte, on marche en *sape demi-double*. Cette sape, qui s'exécute au moyen d'une seule brigade de sapeurs, a du côté de la berme, un parapet ordinaire, et sur le revers un parapet provisoire formé par une rangée de gabions remplis de sacs à terre. Ces deux parapets, espacés de $1^m,70$, sont établis en même temps par

---

dans un triangle rectangle dont le côté adjacent serait représenté par 33, et l'hypothénuse par 75. Son cosinus est donc égal à $\frac{35}{75}$; ce qui donne, pour sa valeur, dans la division sexagésimale, 63 degrés 54 minutes.

Il suit de là que, dans l'hypothèse où le parapet de la sape double peut en couvrir l'intérieur jusqu'à 16 mètres, dès que les zigzags font avec la direction suivant laquelle on veut s'avancer un angle de 63 degrés 54 minutes, ou, ce qui revient au même, forment entre eux un angle de 52 degrés 12 minutes, leur travail, considéré, il est vrai, sous le seul rapport de l'exécution matérielle, exige pour s'avancer d'une distance donnée, le même temps que celui d'une sape double.

Il est facile d'appliquer le calcul précédent à d'autres hypothèses relatives à l'espacement des traverses de la sape double; mais on remarquera que celle ci-dessus est l'une des plus défavorables qui puissent se rencontrer pour l'emploi de cette sape.

le sapeur de la tête. A cet effet, au commandement *Au gabion*, les servans font passer deux gabions à ce sapeur, qui place le premier sur le revers contre le gabion farci, et le deuxième comme à l'ordinaire du côté de la berme. Au commandement *En avant*, le sapeur pose d'abord le gabion du parapet ordinaire, et ensuite celui du revers, qu'il fait également recouvrir par le gabion farci, de la moitié de son épaisseur. Après le commandement *Bien*, le chef de sape, au lieu de commander simplement *Au fagot*, commande *Aux sacs, aux fagots*. On passe au premier sapeur deux fagots, qu'il place de chaque côté dans les angles des gabionnades et du gabion farci. Puis ce sapeur présente le tranchant de sa pelle au n° 2, qui place dessus un sac à terre. Le premier jette ce sac dans le gabion du revers, présente de nouveau sa pelle, pour en recevoir un second, qu'il jette de même. Il répète cette manœuvre jusqu'à ce que le gabion soit rempli, et le joint qu'il forme avec le précédent bien recouvert, ce qui exige ordinairement dix sacs. Dans ce cas, il est bon, afin d'avoir en tête de sape le moins possible de matériaux divers, d'employer aussi des sacs à terre au lieu de petites fascines, pour couronner provisoirement les gabions du parapet réel de la sape. Quatre sacs suffisent pour cela. Ainsi les servans devront en faire passer en

tout quatorze au n° 2, qui les rangera sur le revers vis-à-vis de la forme du premier sapeur.

On compte moyennement 20 minutes pour s'a-
vancer d'un gabion à la sape demi-double, au lieu
de 15 que l'on emploie dans la sape simple, et de
18 dans la sape double.

Lorsque, par suite de l'avancement de la sape,
il se trouve sur le revers, en arrière du quatrième
sapeur, une dizaine de gabions provisoires, le chef
de sape fait entreprendre immédiatement en arrière
de ce sapeur, perpendiculairement sur le revers de
la sape, une petite tranchée, dont le parapet, formant traverse, est élevé suffisamment pour couvrir
la sape en arrière. Cette tranchée, qui ne reçoit
qu'un mètre de largeur, est exécutée à la sape
demi-pleine par des hommes de réserve, et permet de supprimer la gabionnade provisoire placée
en arrière. De cette sorte, il n'y a que la tête même
du travail qui se trouve encaissée entre deux gabionnades, et la partie en arrière peut recevoir immédiatement l'élargissement convenable. Enfin les
petites traverses précédentes sont elles-mêmes dé-
truites, après la construction de grandes traverses,
nécessaires contre les feux d'enfilade et de revers,
soit d'artillerie, soit de mousqueterie.

CHANGEMENS DE DIRECTION DE LA SAPE PLEINE.

Tous les changemens de direction de la sape pleine, tant simple que double, auxquels donnent lieu les différentes sortes de cheminemens, sont compris dans les énoncés suivans :

1° Obliquer à droite ou à gauche, en marchant toujours dans le même sens.

2° Déboucher en sape simple ou double à l'extrémité d'une sape simple en construction.

3° Déboucher en sape simple sur un côté ou sur les deux côtés d'une sape double en construction.

4° Réunir en une seule sape double deux sapes simples marchant à la rencontre l'une de l'autre.

5° Déboucher en sape simple ou double d'une sape non élargie.

6° Déboucher en sape simple ou double d'une tranchée de largeur ordinaire.

Ces différens débouchés peuvent être exécutés à couvert de la manière qui va être décrite, mais il est bon de prévenir d'avance que la sape doit être bien munie de sacs à terre et de sacs à laine, et que le chef de sape doit conduire l'opération à la fois avec beaucoup d'ordre et de célérité.

§ I. — OBLIQUER A DROITE OU A GAUCHE, EN MARCHANT TOUJOURS DANS LE MÊME SENS.

Ce changement de direction se réduit à faire converser le gabion farci en dehors ou en dedans, pour le placer perpendiculairement à la nouvelle direction. Voici la manœuvre pour converser en dehors. Le chef de sape avertit d'abord la brigade du mouvement qu'elle va exécuter, par le commandement *Garde à vous pour converser*, et commande ensuite :

1. *A la poutrelle, aux fagots;*
2. *Aux crochets;*
3. *Conversez.*

Au premier commandement, les servans font passer de main en main deux fagots de sape et un sac à laine au premier sapeur. Celui-ci place un des fagots perpendiculairement à la longueur du gabion farci, près de son extrémité intérieure, et l'autre en croix sur le premier, presque sous le gabion farci, et de manière qu'il soit incliné vers la sape. Il remplace ensuite le fagot de sape masquant le joint du gabion farci et du dernier gabion plein, par un sac à laine qu'il établit et maintient avec sa fourche.

En même temps, le n° 2 reçoit une poutrelle de 4^m,oo de longueur, et en présente une extrémité entre le gabion farci et les fagots de sape qu'on vient de disposer.

Au deuxième commandement, le n° 3 saisit le crochet intérieur, et le fixe sur le gabion farci à peu près au tiers de sa hauteur au-dessus du sol, et de manière à pouvoir pousser ce gabion; le n° 4 s'arme du crochet placé sur la berme, et le fixe à l'extrémité opposée du gabion, de manière à pouvoir le retenir. Les premier et deuxième servans se portent respectivement à l'aide des n°ˢ 3 et 4.

Au troisième commandement, le sapeur n° 4 retient fortement le gabion farci contre le premier gabion de la sape, tandis que le n° 3 en pousse au contraire l'extrémité intérieure, et que le n° 2 favorise ce mouvement en pesant sur la poutrelle. Au fur et à mesure que l'extrémité du gabion s'éloigne, le n° 1 a soin d'avancer les fagots de sape, qui servent de point d'appui à la poutrelle, afin que les pesées du n° 2 soient plus efficaces.

Par cette manœuvre, on parvient aisément, en moins d'un quart d'heure à faire converser le gabion farci de 50 à 60 degrés, même sur un terrain montant vers la place.

§ II. — Déboucher en sape simple ou double a l'extrémité d'une sape simple en construction.

Iᵉʳ Cas. — *Déboucher en sape simple.* Lorsqu'il

ne reste plus que cinq gabions à poser, avant d'arriver au point où doit commencer la nouvelle direction, le chef de sape fait faire à la gabionnade et à la berme un petit crochet intérieur d'une demi-épaisseur de gabion, de sorte que les cinq derniers gabions forment une direction parallèle aux précédens, mais à $0^m,33$ en-deçà. Ce crochet est utile, comme on le verra, pour couvrir la manœuvre.

Le gabion A, désigné pour chef de file de la nouvelle gabionnade, étant posé, le chef de sape avertit le premier sapeur d'arrêter sa forme à $0^m,50$ en deçà du gabion farci, au lieu de la pousser comme à l'ordinaire, jusque vis-à-vis le milieu du dernier gabion; et lorsque celui-ci est plein, il fait, aux instans convenables, les commandemens suivans :

1. *Préparez le débouché;*
2. *Garde à vous pour déboucher;*
3. *Débouchez.*

Au premier commandement, le sapeur de la tête, après avoir fixé le gabion farci, à l'aide de piquets, si cela est nécessaire, entreprend, à l'extrémité de sa forme, sur le revers, une nouvelle forme parallèle à la direction du gabion farci, laquelle a, comme la première, $0^m,50$ de profondeur et de largeur, et laisse entre elle et le gabion farci une berme de $0^m,50$. Lorsqu'il est arrivé à peu près vis-à-vis l'extrémité de ce gabion, il place, dans son alignement, et à la sape demi-pleine, trois nouveaux gabions, afin de prolonger l'épaulement nécessaire pour couvrir la manœuvre du débouché. Il arrête sa forme vis-à-vis le milieu du troisième gabion. Les autres sapeurs, cheminant derrière lui, élargissent et approfondissent comme à l'ordinaire. Le deuxième jette ses terres derrière le gabion farci et le premier des trois placés à son extrémité; les autres les jettent en arrière d'eux, observant de n'en point jeter derrière les quatre gabions de la tête.

Les choses étant dans l'état indiqué par la fig. 28, les premier et deuxième sapeurs creusent ensemble la retraite $v\,x\,y\,z$, et portent sa largeur à $1^m,00$, sa profondeur à $1^m,00$ en xy, mais seulement à $0^m,60$ à l'extrémité vz, et ils jettent leurs terres derrière les gabions placés à la suite du gabion farci. Les troisième et quatrième sapeurs creusent aussi ensemble l'extrémité de la sape $s\,t\,u\,y$, portent sa largeur et sa profondeur à $1^m,00$, et jettent les terres d'excavation en arrière des cinquième et sixième gabions.

Pendant ce temps, les servans amènent près de la tête de sape un grand gabion, ainsi que les fascines propres à le farcir, et ils se procurent une poutrelle ou un madrier d'environ 2^m de long.

Dès que les sapeurs 3 et 4 ont terminé leur excavation, ils placent la poutrelle en travers de la sape, vis-à-vis le joint des troisième et quatrième gabions, un bout sur la berme, et l'autre sur le revers ; puis, aidés des servans, ils placent le grand gabion contre ceux de la sape, ayant soin de laisser un intervalle d'environ $0^m,15$ entre son extrémité et le premier gabion farci ; ensuite ils le farcissent de fascines, opération qui doit se trouver terminée à peu près en même temps que l'excavation de la retraite $v\,x\,y\,z$ par les sapeurs n°s 1 et 2.

Au deuxième commandement, les sapeurs 2, 3 et 4 se placent dans la retraite $v\,x\,y\,z$, armés de deux crochets et de deux fourches ; ils tirent à eux le nouveau gabion farci, et le retiennent ainsi éloigné des gabions de la sape ; ensuite ils disposent un sac à laine devant leurs jambes, de peur d'être atteints par-dessous le gabion farci, après le renversement des gabions de la tête de la sape.

Le premier sapeur, toujours couvert du pot en tête et de la cuirasse, et armé d'un grand crochet, se place un peu en arrière du cinquième gabion, dans le rentrant formé par le crochet de la berme (1), et il s'y tient prêt à saisir et renverser

---

(1) Si l'on n'a pas fait faire de crochet à la gabionnade,

le premier gabion. Le premier servant se porte à son aide.

Au troisième commandement, le n° 1 renverse successivement dans la sape les quatre premiers gabions, les sacs à terre ou fascines qui les couronnent, et les fagots placés dans leurs joints. Il les tire en arrière avec le crochet, ou les range dans le fond de la sape, de manière qu'ils ne puissent gêner l'avancement du nouveau gabion farci, le tout sans déplacer la poutrelle sur laquelle celui-ci doit traverser la sape.

Aussitôt que les quatre gabions sont renversés, les sapeurs 2, 3 et 4 poussent le gabion farci, d'abord à l'aide des fourches, ensuite à l'aide des crochets, et le font pénétrer dans la trouée, malgré les petites buttes de terre qui peuvent être restées sur la berme.

Le sapeur n° 1 se rend ensuite dans l'angle à l'extrémité de la sape, reçoit un gabion des servans, le présente dans le joint des deux gabions farcis, et le pose à la place du premier gabion de la sape primitive. Dans le cas où les terres restées sur la berme le géneraient pour replacer ce gabion, il les attirerait dans la sape à l'aide d'une drague.

---

le premier sapeur se couvre d'un sac à laine, qu'il place sur la berme contre le cinquième gabion.

On exécute ensuite la nouvelle sape suivant la méthode ordinaire.

Dans une terre ordinaire, on emploie une heure un quart pour exécuter ce débouché, depuis le commandement *Préparez le débouché* jusqu'au replacement du premier gabion de la sape. Voici ce qu'on a observé relativement aux diverses opérations partielles :

Creusement de la forme du premier sapeur le long du gabion farci, et pose des trois gabions de la retraite. . . . . 30^m

Achèvement de la sape et de la retraite, pose et remplissage du nouveau gabion farci.   34

Renversement des quatre gabions de la tête.   8

Avancement du gabion farci.   1

Replacement du premier gabion A . .   2

TOTAL. . . . . 1^h 15^m

Pour déboucher suivant une direction oblique par rapport à la sape de départ, il est nécessaire, en préparant le débouché, de faire converser le gabion farci de la tête de manière qu'il soit parallèle à la nouvelle direction; on creuse la retraite le long du gabion, et on place le nouveau gabion farci perpendiculairement à la nouvelle

direction. Ensuite on renverse dans la sape le
nombre de gabions de la tête nécessaire pour le
passage de ce gabion farci, lequel varie suivant
l'angle plus ou moins aigu formé par les deux
sapes. On a soin de faire marcher le gabion farci
à différentes reprises, de l'engager successivement
dans la trouée au fur et mesure que les gabions
sont renversés, et de masquer par des sacs à laine
les petites trouées qui se trouveront momentanément entre le gabion farci et les gabions.

On peut aussi déboucher obliquement, en exé-
cutant d'abord un débouché perpendiculaire à la
sape de départ, et gagnant ensuite peu à peu,
au moyen de conversions successives du gabion
farci, la direction véritable que l'on doit suivre.
Cette méthode est peut-être plus expéditive que
la précédente, mais elle peut quelquefois laisser
exposée à des feux de revers la petite portion de la
nouvelle sape qui se trouve perpendiculaire à l'an-
cienne, ce qui peut nécessiter d'exécuter cette
portion à la sape demi-double.

IIe Cas. — *Déboucher en sape double.* La tête
de sape arrivant à l'emplacement du débouché,
le chef de la sape doit recommander aux sapeurs
de ne point jeter de terres derrière les huit gabions qui doivent être renversés pour le passage
des gabions farcis de la sape double. On peut

d'ailleurs, dans le plus grand nombre de circons-
tances qui donnent lieu à ce débouché, placer
ces gabions dans le même alignement que les
précédens, et se dispenser ainsi de faire le petit
crochet dont il a été parlé ci-dessus. La tête de
sape étant parvenue au dernier gabion, le chef
de sape commande :

Préparez le débouché en sape double.

Les sapeurs exécutent tout ce qui a été indiqué
pour le commandement analogue, dans le cas
d'un débouché en sape simple ; mais en outre,
les deux premiers servans de la brigade actuelle,
ou bien deux sapeurs de la nouvelle brigade nécessaire pour exécuter la sape double, pratiquent
sur le revers de la sape une seconde retraite parallèle et semblable à la première, et située vis-à-
vis du sixième gabion et de la moitié du septième.

Ensuite on place des poutrelles en travers de la
sape, et l'on dispose deux gabions farcis contre
les huit gabions à renverser, de manière que leurs
extrémités opposées correspondent aux milieux des
premier et huitième gabions. On retire ces gabions
farcis en arrière sur le revers de la sape, comme
on l'a vu précédemment.

Cela disposé, le chef de la sape double fait
exécuter séparément le débouché de la première
brigade, comme dans le cas d'un débouché en

sape simple, en ne renversant par conséquent que les quatre ou cinq gabions de la tête; cette brigade se retire en arrière dès qu'elle a replacé et rempli le premier gabion.

Aussitôt après, la deuxième brigade exécute son débouché d'une manière semblable, et lorsqu'elle a replacé le huitième gabion, le chef de la sape double fait poursuivre le travail par les commandemens ordinaires.

Il peut arriver que les deux gabions farcis ne se trouvent pas immédiatement jointifs, auquel cas il est nécessaire de masquer leur joint au moyen d'un sac à laine, et de manœuvrer les gabions à l'aide de leviers, pour les rapprocher l'un de l'autre.

On emploie une heure et demie à exécuter ce débouché, depuis le commandement *Préparez le débouché* jusqu'au replacement des deux premiers gabions de la sape double.

Voici la description d'un nouveau procédé pour déboucher à l'extrémité d'une sape en construction, qui paraît d'une exécution très-simple et facile (1).

« On prépare à l'avance un chantier à bras de
» l'invention de M. le capitaine *Dussard*, destiné

______

(1) Extrait d'un rapport de M. le commandant de l'Ecole régimentaire de Montpellier. du 18 septembre 1826.

» à recevoir le nouveau gabion farci qu'on veut
» mettre en place; on se munit de trois rouleaux
» de $0^m,10$ de diamètre et de 1^m de long, plus
» d'une poutrelle de 2 mètres.

» Le débouché étant à profondeur, la berme
» nettoyée, le chef de la sape commande :

» *Préparez le débouché.*

» A ce commandement, le sapeur n° 1 placera
» un rouleau en travers de la tranchée; le n° 2
» placera la poutrelle également en travers, et à
» hauteur du troisième gabion; ces deux sapeurs se
» porteront ensuite en arrière, recevront, des nu-
» méros suivans, le chantier, qu'ils placeront l'ex-
» trémité sur le rouleau et les bras sur la poutrelle.

» *Au gabion farci.*

» Il est amené vide par les servans, qui le font
» passer aux sapeurs de la tête. Ceux-ci le placent
» sur le chantier jointivement au premier gabion
» farci, et le farcissent sur place.

» *Préparez-vous pour marcher en avant.*

» Les sapeurs 1 et 2 sortent de la tranchée, et
» se glissent à plat ventre le long du gabion farci.
» Le n° 1 est chargé de pousser le premier gabion
» farci, de renouveler les rouleaux, et d'avertir
» par les mots *encore* ou *trop*, suivant la marche
» du gabion farci, que le n° 2 maintient sur le
» chantier. Les n°ˢ 3 et 4, avec le grand crochet
» passé entre la gabionnade et le gabion du chan-

» tier, se tiennnent prêts à pousser en avant *le*
» premier gabion farci. Le premier servant se place
» sous le chantier, le deuxième entre les deux bras,
» les troisième et quatrième aux extrémités des
» bras.

» Le chef de sape, après avoir fait son com-
» mandement, sort lui-même de la tranchée, se
» glisse derrière le deuxième gabion farci, et com-
» mande :

» *En avant.*

» Tous les sapeurs poussent, en silence, afin
» d'entendre le n° 1. Le chef de sape voyant le
» gabion farci démasqué, commande :

» *Halte.*

» Les sapeurs n°s 3 et 4 dégagent le grand cro-
» chet et placent ensuite le sac à *laine entre le*
» gabion farci et la gabionnade. Le deuxième ser-
» vant cède sa place au premier dès que le gabion
» farci est arrivé à l'extrémité de la tranchée, et
» se porte à l'aide des n°s 1 et 2.

» *En avant.*

» Les sapeurs n°s 1 et 2 et le deuxième servant
» réunissent leurs efforts pour faire sortir le ga-
» bion farci du chantier et le placent dans sa po-
» sition habituelle. Ils doivent rester couchés, et
» pousser de l'épaule sans se découvrir, jusqu'à
» ce que le chef de sape commande :

» *Bien.*

» Alors le deuxième servant prend le sac à
» laine, le passe au sapeur n° 1, qui le place
» dans le joint des deux gabions farcis.

» L'opération se termine par le commandement :
» *A vos postes.*

» Chaque sapeur reprend la place de son nu-
» méro en retirant le chantier et les rouleaux, qui
» sont portés à la queue de la tranchée par les
» servans.

» Toute la manœuvre, pour mettre en place un
» nouveau gabion farci, ne dure guère que 5 à
» 6 minutes, non compris le temps de creuser la
» tranchée à profondeur et de farcir le gabion.

» On pense qu'au moyen de quelques perfec-
» tionnemens, ce débouché s'exécutera avec fa-
» cilité, n'offrira pas plus de danger que les autres,
» et aura l'avantage de la rapidité de l'exécution. »

§ III. — DÉBOUCHER EN SAPE SIMPLE SUR UN CÔTÉ
OU SUR LES DEUX CÔTÉS D'UNE SAPE DOUBLE.

Dans le cas où l'on doit déboucher sur les deux
côtés de la sape double, le chef de sape a l'attention, comme on l'a déjà indiqué, pour déboucher
d'une sape simple, de faire rentrer d'une demi-
épaisseur de gabion les cinq derniers gabions de
chacune des sapes, et de faire arrêter les formes

5

des premiers sapeurs à environ o^m,5o des gabions farcis. Cela disposé, il commande :

1. *Préparez les débouchés en sape simple.*

Les deux sapeurs de la tête fixent les gabions
farcis par des piquets ; puis, se retournant d'é-
querre, ils marchent à la rencontre l'un de l'autre, et portent leurs formes, ainsi que les autres
sapeurs, à 1^m,oo de largeur et de profondeur, en
ayant soin de ne point jeter de terres derrière
les gabions des deux sapes qui doivent être renversés.

La première des brigades qui a terminé ce travail, celle de droite par exemple, dispose aussitôt
un grand gabion à l'extrémité de la sape, comme
on l'a expliqué dans le débouché précédent, et
lorsque ce gabion est farci de fascines, le chef de
sape double commande :

2. *Brigade de gauche, en retraite ; brigade
de droite, garde à vous pour déboucher.*

3. *Débouchez.*

Au commandement (2), la brigade de gauche
se retire en arrière dans la sape, et laisse celle de
droite exécuter le premier débouché sur le côté
droit de la sape double. Lorsque le gabion de la
tête est remis en place, le chef de la sape commande :

4. *Brigade de droite, en retraite ; brigade de gauche, garde à vous pour déboucher.*

5. *Débouchez.*

La brigade de droite se retire alors en arrière de la sape ; celle de gauche dispose un gabion farci vis-à-vis des gabions à renverser, et ensuite elle exécute le débouché sur le côté gauche de la sape double.

Enfin, lorsque le gabion de la tête de ce deuxième débouché est remis en place, le chef de sape commande :

6. *Brigade de droite, à vos postes.*

Les deux sapes simples de droite et de gauche prennent alors leur marche ordinaire.

On emploie une heure à exécuter ce double débouché, qui se compose de deux débouchés successifs. Mais si l'on ne débouche que sur un seul côté, il ne faut qu'environ 40 minutes.

Les procédés décrits dans les trois articles précédens occasionnent la consommation d'un ou deux gabions farcis qui restent en place. La confection de ces gabions n'étant pas très facile, il peut être utile de les retirer afin de s'en servir *ailleurs.* A cet effet, on jette des terres derrière le gabion qu'on veut retirer, et lorsqu'elles forment un parapet d'environ 1^m,oo de hauteur, on dispose devant ce gabion deux poutrelles sur lesquelles on le fait descendre dans la tranchée ; puis on le remplace aussitôt par trois ou quatre gabions ordinaires qu'on remplit de terres et que l'on couronne de fascines.

§ IV. — RÉUNIR EN UNE SEULE SAPE DOUBLE DEUX SAPES SIMPLES MARCHANT L'UNE VERS L'AUTRE.

Lorsque les premiers gabions des deux sapes qui marchent l'une vers l'autre ne sont plus séparés que par un intervalle de $4^m,00$, le chef de sape double en fait opérer la jonction aux commandemens suivans :

1. *Préparez la jonction en sape double ;*
2. *Aux poutrelles, aux fagots ;*
3. *Aux crochets ;*
4. *Conversez ;*
5. *Halte ;*
6. *Haut les bras ;*
7. *En avant.*

Au 1er commandement, les deux brigades de sapeurs se disposent à exécuter simultanément les manœuvres que l'on ne décrit ici que pour l'une d'elles.

Les n°s 1, 2, 3, élargissent leurs formes de $0^m,17$ et les portent à $1^m,00$ de profondeur, le premier observant de ne pas s'avancer au-delà du milieu du dernier gabion posé, et de ne point jeter de terres derrière ce gabion.

Les commandemens (2), (3) et (4) sont exécutés par les sapeurs comme on l'a vu précédemment, lorsqu'il s'agissait d'un simple changement de direction de la sape ; seulement les n°s 1 et 4, pendant la conversion du gabion farci, en attirent vers l'intérieur de la sape l'extrémité qui est du côté de la berme : par ce moyen on parvient assez facilement à faire converser ce gabion de 70 à 80 degrés, mais il se trouve tout entier placé en-deçà de l'alignement de la gabionnade.

Au commandement (5), que fait le chef de sape, lorsque la conversion est avancée à tel point que le deuxième sapeur ne puisse presque plus agir à l'aide de sa poutrelle pour l'augmenter encore, les sapeurs retirent les poutrelles, crochets et fagots, et les passent aux servans.

Au commandement (6), le n° 1 entreprend, derrière le gabion farci, une forme de $0^m,50$ de largeur et de profondeur, tracée le plus près possible de ce gabion. Il s'y tient à genoux, et est suivi de près par le n° 2, qui l'approfondit jusqu'à $0^m,80$. Les terres sont jetées sur le revers.

Lorsque le premier est parvenu à $0^m,30$ ou $0^m,40$ de l'extrémité la plus éloignée du gabion farci, il revient dans l'intérieur de la sape; et dès que la forme est assez creusée, les n°s 2, 3 et 4 et le premier servant, armés de deux fourches et de deux crochets, s'y placent derrière le gabion farci, en ayant soin de se courber assez pour être parfaitement couverts.

Au commandement (7) les sapeurs ci-dessus poussent le gabion farci à l'aide des fourches et des crochets, pour le faire pénétrer dans la trouée que laissent entre elles les deux sapes, et à cet effet, les deux brigades ont soin de concerter leurs mouvemens de manière que les deux gabions farcis, ramenés tous les deux dans une situation parallèle aux sapes, se trouvent exactement jointifs.

Cependant le sapeur n° 1 se tient vers l'extrémité de la sape, d'où il dirige par ses avertissemens la manœuvre du gabion farci. Aussitôt qu'il s'aperçoit que le passage de ce gabion peut être gêné par le premier gabion de la sape, ce qui doit presque toujours arriver, il s'arme d'un grand crochet; puis, aidé du deuxième servant, il renverse ce gabion dans la sape, et lui substitue un sac à laine qu'il manœuvre à l'aide d'une fourche.

Enfin, dès que les gabions farcis ont pénétré entièrement dans la trouée des deux gabionnades, le chef de sape commande *Au gabion*, fait replacer les gabions renversés , et la sape double se poursuit par les commandemens ordinaires.

Voici ce qu'on a observé relativement à la durée de la manœuvre dans un terrain de moyenne consistance.

Elargissement et approfondissement des formes des deux sapes qu'il s'agit de réunir.................. 25^{min}

Conversion des gabions farcis , de 70 à 80 degrés.................. 15

Creusement des formes derrière les gabions farcis 25

Avancement de ces gabions , en renversant les gabions extrêmes des deux sapes , et replacement de ces derniers........................ 15

Total 1 h. 20 m.

Il faut remarquer de plus que le sapeur n° 1 , obligé de contourner le premier gabion pour que sa forme prenne la direction de la sape double , est arrêté, vis-à vis de ce gabion , environ dix minutes de plus que devant un gabion ordinaire ; ce qui porte à une heure et demie la durée totale de l'opération.

S'il s'agit seulement de réunir deux sapes simples , marchant à la rencontre l'une de l'autre , on fait converser par la même manœuvre les deux gabions farcis qui doivent former parapet, sauf à les retirer ensuite si on le juge convenable. De plus on change le premier commandement en celui-ci : *Préparez la jonction des sapes ;* on se dispense de replacer les gabions renversés pour le passage des gabions farcis, et l'on met à leur place des fagots de sape ou des sacs à terre.

§ V. — DÉBOUCHER EN SAPE SIMPLE OU DOUBLE D'UNE SAPE NON ÉLARGIE (1).

Iᵉʳ Cᴀs. — *Déboucher en sape simple.* Soit A le gabion désigné pour chef de file de la nouvelle gabionnade, supposée devoir être à droite, par exemple. Le chef de sape commandera :

1. *Préparez le débouché ;*
2. *Haut les bras.*

Au premier commandement, le sapeur n° 1, guidé par le chef de sape, trace sur la berme, et sur le talus de la sape, à $0^m,30$ à gauche du gabion A, l'entrée d'une forme de $1^m,00$ de largeur en haut, et de $1^m,00$ de profondeur, et il se munit d'une pelle et d'une pioche à manches courts.

---

(1) Le procédé qu'on va décrire a été imaginé et exécuté pour la première fois par M. *Romphleur,* capitaine de mineurs au 1ᵉʳ régiment du génie.

Le n° 2 , place, de chaque côté de cette forme,
en travers de la sape, un madrier portant d'un
bout sur la berme, et de l'autre sur le revers, et
se munit de deux dragues emmanchées, l'une de
1^m,oo, l'autre de 2^m,oo.

Les troisième et quatrième sapeurs enlèvent, à
l'aide de fourches, le couronnement des quatre
gabions A, B, C, D, qui doivent être retirés.

Enfin les servans amènent un grand gabion vide,
le placent sur les madriers , contre ces quatre gabions , de manière qu'il recouvre celui A au moins
de o^m,33 , et se disposent à le farcir de fascines.

Au deuxième commandement, le sapeur n° 1,
placé à genoux sous le gabion farci , commence l'excavation de la forme. Le n° 2 , à l'aide des dragues,
tire à droite , dans le fond de la sape, les terres
piochées, les n°s 3 et 4 les jettent derrière le parapet.

Pendant ce temps , les servans farcissent de
fascines le grand gabion , et rétablissent le couronnement des gabions adjacens au débouché, dans
le cas où on aurait été forcé de le déranger momentanément.

Dès que le premier sapeur est avancé dans sa
forme de 4o ou 5o centimètres, le n° 3 passe aussi
sous le gabion farci, du côté opposé au n° 2,

et tire de ce côté une partie des terres de la fouille, qui sont enlevées par le premier servant.

Le sapeur n° 1 pousse ainsi sa forme jusqu'au hors-œuvre des gabions de la sape ; puis il dégarnit de terres l'intérieur des gabions C et B, sous lesquels il se trouve, fait tomber ces gabions et les livre aux sapeurs en arrière ; il renverse avec une fourche les gabions latéraux A et D, les passe de même en arrière, et attire dans sa forme, à l'aide d'une drague, les terres placées sur la surface du terrain qui pourraient gêner le premier avancement du gabion farci. Dans ce travail, il est couvert contre les feux de la place par le masque de terre d'environ $0^m,80$ de hauteur qui reste en avant.

Les deuxième et troisième sapeurs font alors avancer le gabion farci dans la trouée des quatre gabions renversés, jusqu'à ce qu'il appuie contre les terres du masque ; et l'on garnit de sacs à terre, de fagots de sape ou de sacs à laine, les ouvertures dangereuses qui pourraient subsister entre les extrémités de ce gabion et ceux restés debout.

Le sapeur n° 1, placé sous le gabion farci, que l'on fait avancer peu à peu, continue sa forme de $1^m,00$ de largeur et de profondeur, en passant toujours ses terres en arrière. Les n°ˢ 2 et 3, qui peuvent maintenant se tenir debout, les passent

aux quatrième sapeur et premier servant. Le gabion A doit être replacé et rempli dès qu'il y a
suffisamment d'espace. . . . .

Lorsque la forme du premier sapeur atteint à
peu près $1^m,60$ de longueur, on pose un second
gabion, et l'on continue le travail comme dans
une sape ordinaire. Seulement il faut remarquer
que l'emplacement des deuxième, troisième et
quatrième gabions doit être préparé à l'aide d'une
drague, et que le gabion farci est obligé de fran_
chir peu à peu une petite portion de parapet qui
reste en avant de lui.

Le temps nécessaire pour faire ce débouché, y
compris le couronnement du troisième gabion, est
d'environ 2 heures et demie. Voici ce qu'on a
observé à cet égard.

	Temps écoulé depuis le commencement du travail.
Renversement des gabions commencés.	$\mathrm{»}^h\ 30^m$
Id. terminés.	» 47
Gabion farci avancé jusqu'au hors-œuvre des gabions restés debout. . .	» 53
Même gabion engagé tout entier au-delà des gabions restés debout.	1 25
Premier gabion replacé.	2 »
Deuxième gabion posé.	2 10
Troisième gabion posé, rempli, cou-	

ronné, et la forme du 1er sapeur poussée jusqu'au milieu de sa lar‑geur. . . . . $2^h \, 30^m$

Dans le cas d'un débouché oblique, on pla‑cerait le gabion farci perpendiculairement à la nouvelle direction, et le 1er sapeur creuserait sa forme suivant cette même direction. L'opération se conduirait comme précédemment, mais elle serait évidemment plus longue. Aussi sera‑t‑il presque toujours préférable de déboucher d'abord perpendiculairement à la sape de départ, et de ne reprendre qu'ensuite la direction convenable

IIe CAS. — *Déboucher en sape double.* Deux gabions distans l'un de l'autre de $4^m,00$, étant désignés pour chefs de file des deux gabionnades de la sape double, le chef de sape commande aux deux brigades :

1. *Préparez le débouché en sape double;*
2. *Haut les bras.*

Chaque brigade exécute alors tout ce qui vient d'être prescrit ci‑dessus pour les mêmes comman‑demens. Les servans qui farcissent les gabions doi‑vent avoir soin de les lier ensemble et de laisser dépasser quelques fascines de l'un dans l'autre. On remarque que, dans ce cas, les terres de chaque forme ne pouvant plus être enlevées que d'un seul côté de la sape, au lieu que dans le cas pré‑

cédent elles l'étaient des deux côtés à la fois, l'opération en est un peu rallentie.

§ VI. — Déboucher en sape simple ou double d'une tranchée de largeur ordinaire.

Ier cas. — *Déboucher en sape simple.* Soit A le gabion désigné pour chef de file de la nouvelle gabionnade, supposée devoir être à droite, par exemple. Le chef de sape fera les commandemens suivans :

1. *Préparez le débouché ;*

2. *Garde à vous pour déboucher ;*

3. *Débouchez ;*

4. *Halte.*

Au Ier commandement, les servans amènent un gabion farci dans la tranchée, et le placent contre le revers, vis-à-vis des gabions A, B, C, D, ou bien ils l'amènent vide et le farcissent de fascines. Les sapeurs n°s 1, 2, 3, 4, réunissent :

Deux crochets de sape,

Deux fourches,

Deux poutrelles de 3^m,5o de longueur, taillées en crans sur une de leurs faces,

Deux cordes de 10 à 12 mètres de long, armées de crochets à leurs extrémités,

Deux dragues emmanchées l'une de 1^m,oo, l'autre de 2^m,oo.

6

Au 2ᵉ commandement, les sapeurs nᵒˢ 1 et 4 se munissent chacun d'une fourche et se placent vis-à-vis des gabions A, B, C, D, le premier à droite; puis ils enlèvent le couronnement de ces gabions, et les renversent dans la tranchée.

Les mêmes sapeurs prennent aussitôt les poutrelles, les engagent sous le gabion farci, à environ 0ᵐ,30 de chaque bout, les crans en dessus, et les disposent en rampe jusqu'au haut du parapet, en égalisant avec la pelle et la drague les terres éboulées par suite du renversement des gabions.

Les nᵒˢ 2 et 3 prennent chacun un long crochet, le déposent perpendiculairement sur le revers de la tranchée, vis-à-vis des extrémités du gabion farci, attachent à ce même gabion les deux cordes par leurs crocs, et plantent au pied du revers un fort piquet de chaque côté du gabion farci.

Les servans se rangent auprès de ce gabion, deux à chaque bout, les deux premiers armés chacun d'une fourche.

Au 3ᵉ commandement, les sapeurs poussent le gabion, et le font monter jusqu'au sommet du parapet, à bras d'abord, et ensuite à l'aide des crochets. Voici leur position pour cette manœuvre. Le sapeur nᵒ 2 et le troisième servant sont près de la poutrelle de droite, et agissent ensemble avec un crochet. Le sapeur nᵒ 3 et le quatrième servant agissent de même, du côté opposé. Les premier et deuxième servans sont placés contre le milieu du gabion, le poussent avec des fourches, et l'empêchent de redescendre, à chaque fois que les sapeurs armés des crochets sont forcés de l'abandonner un moment pour le reprendre plus bas. Les sapeurs n°s 1 et 4 sont chacun à une extrémité du gabion, en dehors des poutrelles, le poussent également, et au besoin se portent aux crochets.

Lorsque le gabion est parvenu sur la crête du parapet, les crochets continuent de le pousser; mais les servans 1 et 2 prennent les cordes, les passent autour des piquets plantés au pied du revers, et ne les lâchent que peu à peu; ils maintiennent le gabion farci de manière qu'il descende parallèlement à lui-même, sans être entraîné au loin par son poids.

Au commandement (4) que fait l'officier lorsqu'il juge le gabion farci parvenu presque en bas du parapet, les deux premiers servans fixent les cordes aux piquets; les sapeurs retirent les poutrelles et les placent ainsi que les crochets sur la berme ou sur le revers.

Ensuite on continue le travail aux commandements usités, *Au gabion*, etc., en supprimant ceux que l'état des choses rend momentanément inutiles.

Il est bon d'observer :

1° Que l'alignement des gabions doit être dirigé de manière qu'arrivés au gabion farci, celui-ci les recouvre au moins de leur demi-épaisseur ;

2° Que le premier sapeur, parfaitement couvert par les terres du parapet, doit préparer de suite l'emplacement de deux gabions, et les poser sur le terrain naturel sans les remplir ; creuser aussitôt sa forme ordinaire de $0^m,50$ de large et $0^m,50$ de profondeur, et tirer les terres dans la tranchée avec sa drague ; les sapeurs en arrière enlèvent ces terres, dont ils remplissent d'abord les deux premiers gabions ; quant aux suivans, le sapeur n° 1 les remplit lui-même avec les terres éboulées, mais 1 continue de passer en arrière toutes celles excédantes ;

3° Que, s'il se forme accidentellement des trouées, on les ferme aussitôt avec des sacs à laine.

Le temps nécessaire pour exécuter ce débouché, depuis le commandement *Préparez le débouché* jusqu'à la pose du septième gabion, est de 4 heures.

II° CAS. — *Déboucher en sape double.* Ce cas se traite de la même manière que le précédent.

Les servans des deux brigades doivent avoir soin, en disposant les deux gabions farcis dans la tranchée, de les relier entre eux, afin qu'ils ne puissent se séparer dans leur mouvement.

Les sapeurs laissent subsister sur la dame com—

prise entre les deux sapes les terres du parapet
qui ne s'éboulent point dans les formes, lesquelles
terres sont enlevées ensuite par les travailleurs ordinaires, en même temps que la dame.

CONSTRUCTION DES CAVALIERS DE TRANCHÉE.

Le *cavalier de tranchée* est un massif de terre
surmonté d'un parapet, qu'on élève hors de la
portée des grenades à main de l'assiégé, afin d'y
placer quelques fusiliers, pour plonger dans la
place d'armes saillante du chemin couvert.

Cet établissement se trace ordinairement à la
sape pleine, à partir du prolongement de la bran-
che du chemin couvert qu'il est destiné à plonger,
et perpendiculairement à cette direction, autant
que le permet la saillie des ouvrages collatéraux.
On ajoute à son extrémité un retour ou petit flanc
pour le couvrir des feux d'écharpe ou d'enfilade.

Le massif du cavalier est soutenu par plusieurs
étages de gabions, contre lesquels on dispose intérieurement des gradins, pour monter derrière l'é-
tage supérieur servant de parapet. Le nombre de
ces étages se détermine par la condition que la
ligne de feu du cavalier ait un commandement
de $1^m,30$ au moins sur la crête du chemin couvert;

de sorte que, chaque rang de gabions couronné de deux fascines formant $1^m,00$ de hauteur, il faut autant d'étages, plus un, qu'il y a de mètres dans la différence de niveau entre cette crête et le terrain où est assis le cavalier.

Voici la suite des opérations à exécuter pour construire un cavalier de trois étages de hauteur, dans un terrain dont les déblais sont faciles à façonner.

Après avoir tracé à la sape pleine le cavalier et son retour, et couronné la gabionnade de deux fascines, on élargit la sape de 2 mètres, afin d'en épaissir le parapet, et de pouvoir former au pied de la berme un gradin de $0^m,50$ de hauteur, à $1^m,80$ en decà de la gabionnade pour le cavalier, et $1^m,20$ seulement pour son retour.

Les sapeurs montent sur ce gradin, et armés de dragues à manches courbes, ils égalisent les terres du parapet de manière à préparer une plate-forme horizontale qui puisse recevoir le deuxième étage de gabions. La largeur de cette plate-forme, y compris l'épaisseur de la première gabionnade, doit être de $1^m,80$ pour le cavalier, et $1^m,30$ seulement pour le retour. Ensuite les sapeurs se tenant sur le gradin ou à genoux sur la berme, et courbés de manière à ne pas se découvrir, placent les gabions du deuxième étage, à $1^m,10$ de ceux du premier pour le cavalier et à o^m,6o pour le retour : à cet effet, ils sont munis chacun d'une fourche pour les reculer jusqu'au point convenable, les ranger et leur donner de l'assiette ; ils les remplissent au moyen de terres meubles qui doivent se trouver en réserve au fond de la sape et sur le gradin.

Cela fait, les sapeurs construisent un deuxième gradin en retraite de o^m,5o sur le premier, et de o^m,5o aussi de hauteur, et par conséquent affleurant le plan de la berme de la sape primitive. Ils couronnent la deuxième gabionnade de deux rangs de fascines, et jettent des terres derrière, de manière à former un parapet de l'épaisseur convenable pour recevoir une nouvelle gabionnade. On se procure les terres nécessaires en élargissant la sape, et l'on fait un relais de pelleteurs sur le deuxième gradin ; puis on construit un troisième gradin en retraite de o^m,5o sur le second, et élevé de o^m,5o au-dessus du plan de la berme.

Ce gradin aide les sapeurs à se mettre à genoux sur le couronnement de la première gabionnade, afin de repousser et égaliser les terres du parapet, de manière à former, tant sur le cavalier que sur son retour, une plate-forme d'environ 1^m,3o de largeur qui puisse recevoir la troisième et dernière

gabionnade. Celle-ci est placée à 0^m,60 en retraite
sur la deuxième, par les sapeurs à genoux sur le
couronnement de la première, et armés chacun
d'une fourche.

Ces nouveaux gabions étant aussitôt remplis,
on les couronne de trois rangs de fascines, et l'on
jette des terres derrière, afin d'épaissir le parapet.

On élargit la sape à cet effet, et l'on dispose
les travailleurs par relais, un sur le premier étage
de gabions; un au pied des gradins, et les suivans à 4 mètres au plus de distance les uns des
autres jusqu'au revers où se fait le déblai.

Lorsque le parapet a acquis l'épaisseur conve-
nablé, qui ne peut guère être moindre que de 1^m00
au sommet, on le couronne de créneaux en sacs à
terre, et l'on construit un gradin intermédiaire,
entre le premier et deuxième étage du cavalier,
afin que les fusiliers puissent monter derrière la
gabionnade supérieure.

La méthode précédente, qui a l'avantage d'éco-
nomiser les gabions le plus possible, sera suffi-
sante lorsque les terres des glacis seront faciles à
façonner, et lorsque, les feux de la place n'ayant
pas une grande vigueur, les sapeurs pourront,
sans trop de danger, se découvrir assez pour placer les rangs de gabions en retraite de 1^m,00 les
uns sur les autres. Mais dans le cas où la fusillade

de l'assiégé conserverait une grande vivacité, et où l'on aurait affaire à des terres difficiles à façonner, il sera préférable d'employer la construction suivante, qui est moins périlleuse, quoique plus lente, et qui donne un cavalier de tranchée plus solide.

1° On trace le cavalier à la sape pleine ordinaire, on couronne la gabionnade de deux fascines, et l'on élargit la tranchée de $1^m,00$ afin d'épaissir le parapet.

2° On place un rang de gabions au fond de la tranchée au pied du talus de la berme, on les remplit de terre ainsi que l'intervalle qu'ils laissent entre eux et le talus de la berme, puis on les couronne de deux rangs de fascines, en ajoutant de la terre, s'il le faut, pour atteindre l'arasement du plan de la berme. On amène aussi des terres contre cette gabionnade, afin de l'appuyer par ces terres, qui acquerront naturellement quelque consistance par le piétinement des travailleurs.

3° On pose un nouveau rang de gabions sur la berme, contre la gabionnade de la sape primitive, on les remplit de terre, et on les couronne de deux fascines, de manière qu'ils arasent parfaitement le couronnement de la première gabionnade.

4° On place un rang de gabions sur le joint des deux rangs déjà placés au premier étage, ce que

font les sapeurs en se tenant à genoux sur la gabionnade du fond de la sape, et manœuvrant les
gabions à l'aide de la fourche. On les remplit aussitôt; on les couronne de deux fascines, puis on
forme un parapet derrière en y jetant les terres que
procure l'élargissement de la tranchée.

5° Lorsque *le* parapet s'élève à la hauteur des
derniers gabions posés, on place un nouveau rang
de gabions contre le rang intérieur de ceux du
premier étages, et par conséquent sur ceux du
fond de la tranchée. On les remplit et on les couronne. On appuie intérieurement les gabionnades
du premier et du deuxième étage par un nouvel
amas de terres élevé jusqu'à moitié hauteur des
gabions du premier étage.

6° On pose au deuxième étage un nouveau rang
de gabions, contre le rang déjà posé, et sur le
joint des deux rangs intérieurs du premier étage.
On remplit et on couronne ces gabions.

7° On pose un dernier rang de gabions sur
le joint des deux rangs qui forment le deuxième
étage, en se servant de la fourche, comme on
l'a déjà fait. On les remplit, on les couronne
de trois rangs de fascines, et on épaissit le parapet en arrière, jusqu'à ce qu'il s'élève au sommet
du couronnement, et présente une épaisseur suf-
fisante.

Enfin l'on couronne le parapet de créneaux en sacs à terre, et l'on dispose le talus intérieur du cavalier en gradins, de manière à pouvoir monter commodément derrière l'étage supérieur de gabions.

On a observé qu'un cavalier de tranchée de trois étages de gabions, ayant douze gabions ou 8 mètres de longeur, avec un retour de 5 à 6 mètres pouvait être construit en vingt-quatre heures de travail, non compris le tracé préalable à la sape pleine. Le nombre des travailleurs nécessaires, dans une terre où il faut à la fouille une pioche pour une pelle, est de vingt-quatre à trente, durant les douze premières heures, et de trente-six à quarante, durant les douze autres. On place les pelleteurs par files espacées entre elles de deux mètres ou trois gabions, et composées chacune d'autant d'hommes qu'il y a de relais depuis le revers de la tranchée jusqu'au sommet du parapet. Chaque rang de gabions peut être posé en une minute de temps, et rempli en vingt minutes, au moyen d'un homme pour deux gabions. Dans le commencement du travail, et chaque fois qu'on dispose des gradins, une partie des travailleurs est employée à préparer les matériaux.

FIN.